LA LOGIQUE

DE L'ESPRIT,

ET

DU COEUR,

A L'USAGE

DES DAMES.

*Par M. D***.*

A LA HAYE,

Et ſe trouve à Paris

Chez CAILLEAU, Libraire, Quai des Auguſtins, à l'image S. André.

M DCC LX.

LA LOGIQUE
DE L'ESPRIT ET DU CŒUR, *A L'USAGE* DES DAMES.

CHAPITRE PREMIER.

Division de l'ouvrage.

LA Logique, telle que nous l'entendons ici, est l'art de bien penser & de bien sentir : c'est par elle que nous discernons la vérité de l'erreur, les sentimens & les passions honnêtes de ceux qui ne le sont pas, & que nous étendons la carriere de nos plaisirs, en aggrandissant la sphère de notre esprit & de notre cœur : cette science est pour tous les deux ce qu'est le lévier dans la méchanique ; elle multiplie les forces.

Pour établir une sage législation dans l'empire intellectuel, on est remonté, après bien des milliers de siécles, aux élémens de l'esprit, les perceptions, appréhensions, conceptions, ou idées. On a observé qu'il y avoit des perceptions analogues, disparates, contraires & opposées : on a conclu qu'on devoit unir les premieres, & séparer les dernieres.

On peut bien exposer des vérités dans les propositions, mais elles ne nous conduisent pas du connu à l'inconnu : c'est pourquoi l'on a été plus loin : les jugemens variant à l'infini ſelon leurs objets, les rapports, ou les différences des propoſitions doivent être ſans nombre : d'où toutes leurs combinaiſons, ou tous les raiſonnemens.

Comme l'eſprit trop retréci dans ſes limites ne ſçauroit contempler les objets dans toute leur étendue, & ſous toutes leurs faces, on a été forcé de paſſer avec le ſecours de l'analyſe des choſes les plus ſimples aux plus compoſées : par ces heureuſes progreſſions, on s'eſt frayé un chemin aux plus ſublimes connoiſſances.

Quand on a voulu faire part aux autres de ſes découvertes, il a fallu ſuivre une route oppoſée, & deſcendre par dégrés des hauteurs infinies où l'on étoit parvenu : telle eſt la chaîne myſtérieuſe qui lie les êtres les uns aux autres ; chaîne continue aux yeux du Philosophe, & interrompue en bien des endroits aux yeux du vulgaire : c'est-là cette chaîne d'or avec laquelle Jupiter attiroit les mortels jusqu'à lui.

Jaloux d'assujettir à des loix la volonté, j'ai été obligé de descendre avec le secours de la Synthèse, jusqu'aux sentimens qui sont le germe des passions : c'est de la collection de quelques sentimens de la même espèce, qu'il faut dériver les goûts. La collection de plusieurs sentimens dissemblables donne les fantaisies & les caprices : pour les passions, elles sont une suite constante de sentimens de même genre : lorsqu'ils n'ont rien de bien vif & de bien empressé, ils produisent les inclinations.

Il y a une analogie parfaite entre

les ſentimens & les idées : ces premiers, où même les paſſions n'ont pas des rapports auſſi exacts avec les jugemens, les raiſonnemens & la méthode. Il ne me ſera point impoſſible de diriger les opérations de la volonté par les régles de la dialectique, & de placer la raiſon dans le cœur de l'homme, où ne regnoit le plus ſouvent qu'un inſtinct aveugle.

Puiſſe ce foible eſſai encourager quelque homme de génie à porter le flambeau de l'analyſe dans une région juſqu'à préſent inconnue, & qui ne recele pas moins de thréſors que le nouveau monde : puiſſe-t-il conſacrer ſes veilles à éclairer les hommes, & à les rendre meilleurs.

CHAPITRE II.

DES IDÉES.

ON peut envisager les idées selon leur nature, leurs différentes especes, leurs qualités & leur origine : je suivrai cet ordre par rapport aux appréhensions & aux sentimens.

Les conceptions sont les images des êtres, ou de leurs modes présentes à notre esprit. Le sentiment consiste dans un effort de la volonté pour se porter vers certains objets, ou s'en éloigner : par lui-même il est une impulsion occasionnée par les sensations agréables, ou désagréables ; il ne différe pas peu des perceptions qui n'offrent rien que de passif, au lieu qu'il est actif.

La ſimplicité, la compoſition & l'abſtraction des perceptions & des ſentimens, forment des claſſes ſous leſquelles on peut ranger les uns & les autres : l'idée d'une fleur eſt ſimple comme ſon objet ; celle d'un payſage eſt compoſée, & celle de la beauté en général eſt abſtraite : la beauté eſt conſidérée comme exiſtante en ſoi-même, quoiqu'elle ſoit ſéparée mentalement du ſujet, où on l'admire.

Les appréhenſions ſingulieres & univoques ſont du reſſort des perceptions ſimples ; les conceptions particulieres, générales & univerſelles ſont du département des appréhenſions compoſées. Ce mot *Lucrece* offre à l'entendement une idée ſinguliere ; ces expreſſions *quelques prudes* lui préſentent une idée particuliere ; ces termes *les femmes fieres* excitent une idée générale, & ceux-ci *toutes les coquettes* une idée universelle.

Les objets du sentiment décident aussi ses différentes especes, & il reçoit autant de dénominations que la perception. *Cidalise*, si c'est la physionomie d'une personne que votre sentiment de tendresse a pour objet, il est simple; si ce sont toutes les qualités & les perfections de son corps & ses talens, il est composé, & il est abstrait quand il vous prévient en faveur de ces êtres sur qui vous versez d'une main prodigue des agrémens infinis; êtres que votre cœur vous peint avec tous les pinceaux de l'amour; êtres qui doivent toute leur existence au feu de votre imagination. Si vous sentez du penchant pour de certaines gens, ce sentiment est particulier; il devient général lorſqu'il vous inſpire du goût pour les hommes. Si vous éprouvez un ſentiment de bienveillance pour tous les hommes, ce ſentiment eſt univerſel, & il n'y a qu'une grande ame qui en ſoit capable : elle regarde tout l'univers comme ſa patrie, ou une grande famille, & tous les hommes comme ſes concitoyens, ou ſes freres : cette induction a lieu pour les ſentimens propres à toutes les autres paſſions.

On remarque dans les univerſaux d'appréhenſions & de ſentimens le genre, l'eſpece & l'attribut. Le genre contient les eſpeces, & les eſpeces renferment les individus. Il y a des attributs eſſentiels & d'acceſſoires : les eſſentiels ſont ceux qu'on ne peut ſéparer de leur ſujet, ſans le détruire : les acceſſoires ſont ceux qu'on peut retrancher de leur ſujet ſans l'anéantir.

Il étoit à propos de réduire toutes les conceptions possibles à des classes ou cathégories, & en conséquence d'arranger avec systême les objets des idées, en ayant recours à la substance & aux modes, genres universels & immenses, où tout commence, & tout finit, principes féconds, mais uniques, au-delà desquels il n'est rien.

La substance est un être subsistant par soi-même, comme *un miroir* : le mode n'a pas d'existence propre, & ne sçauroit exister que dans la substance; telle est *la figure ovale* dans une navette à former des noeuds : on admet deux modes, le réel & celui de raison : le réel a une existence réelle, ainsi que *la quadrature* dans une table de toilette quarrée : celui de raison n'existe que dans notre esprit ; telle seroit *une montagne de diamant* que notre imagination se plairoit à créer. Cette idée est formée de deux idées disparates, qui ne sont point faites pour être liées.

C'est d'après ces notions qu'*Aristote* a exécuté le projet des cathégories : il a compris toutes les substances sous la premiere, & tous les accidens sous les neuf autres.

CATHEGORIES.

I. » La substance qui est ou spi» rituelle ou corporelle.

II. » La quantité qui s'appelle » discrete, quand les parties ne sont » point liées, comme le nombre ; » continue quand elles sont liées ; » & alors elle est ou successive, » comme le tems, le mouvement ; » ou permanente, qui est ce qu'on » appelle autrement l'espace ou l'é» tendue en longueur, largeur, pro-

» fondeur ; la longueur ſeule faiſant » les lignes, la longueur & la lar» geur les ſurfaces, & les trois en» ſemble les ſolides.

III. » La qualité dont Ariſtote » reconnoît quatre eſpeces. La pre» miere comprend *les habitudes*, c'eſt» à-dire, les diſpoſitions d'eſprit, ou » de corps, qui s'acquierent par des » actes réitérés, comme les ſciences, » les vertus, les vices, l'adreſſe de » peindre, d'écrire, de danſer. La » ſeconde les puiſſances naturelles, » telles que ſont les facultés de l'a» me, ou du corps, l'entendement, » la volonté, la mémoire, les cinq » ſens, la puiſſance de marcher. La » troiſième les qualités ſenſibles, » comme la dureté, la molleſſe, » la peſanteur, le froid, le chaud, » les couleurs, les ſons, les odeurs, » les divers goûts. La quatrième la

» forme & la figure, qui eſt la dé-
» termination extérieure de la quan-
» tité, comme être rond, quarré,
» ſphérique, cubique.

IV. » La relation ou le rapport
» d'une choſe à une autre, comme
» de pere, de fils, de maître, de
» valet, de Roi, de ſujet; de la
» puiſſance à ſon objet, de la vûe à
» ce qui eſt viſible; à tout ce qui
» marque comparaiſon, comme
» ſemblable, égal, plus grand, plus
» petit.

V. » L'agir, ou en ſoi-même,
» comme marcher, danſer, con-
» noître, aimer; ou hors de ſoi,
» comme battre, couper, rompre,
» éclairer, échauffer.

VI. » Pâtir, être battu, être rom-
» pu, être éclairé, être échauffé.

VII. » Ou, c'eſt-à-dire, ce qu'on
» répond aux queſtions qui regar-

» dent le lieu, comme être à Ro-
» me, à Paris, dans ſon cabinet,
» dans ſon lit, dans ſa chaiſe.

VIII. » Quand, c'eſt-à-dire, ce
» qu'on répond aux queſtions qui
» regardent le tems, comme quand
» a-t-il vécu ? Il y a cent ans. Quand
» cela s'eſt-il fait ? hier.

IX. » La ſituation, être aſſis, de-
» bout, couché, devant, derriere,
» à droit, à gauche.

X. » Avoir, c'eſt-à-dire, avoir
» quelque choſe autour de ſoi pour
» ſervir de vêtement, ou d'orne-
» ment, ou d'armure, comme être
» habillé, être couronné, être chauſ-
» ſé, être armé.

Voilà les prétendus myſteres de la Philoſophie. Il me ſeroit aiſé d'imaginer des claſſes pour tous les ſentimens, ſelon la progreſſion des objets où la volonté peut ſucceſſivement

vement ſe porter ; mais comme elles ſeroient purement arbitraires, & auſſi inutiles que les cathégories *d'Ariſtote*, je m'épargnerai ce ſoin.

On peut juger par les eſpeces des idées des différens eſprits. Les perceptions ſimples annoncent la foibleſſe d'eſprit & le peu d'étendue des connoiſſances ; c'eſt pourquoi le peuple n'a preſque que des appréhenſions ſimples : les Poëtes pour cette raiſon ne prêtent dans leurs Paſtorales, que des idées ſimples à leurs bergers, & par le même principe l'inimitable Racine n'a mis que des expreſſions ſimples dans la bouche du jeune Joas.

Athalie allarmée des funeſtes préſages d'un ſonge, entre dans le temple pour calmer le Dieu des Juifs : elle y apperçoit l'objet de ſes frayeurs, & lui parle de la ſorte.

ATHALIE.

Jeune enfant, répondez....
Comment vous nommez-vous ?

JOAS.

J'ai nom Eliacin.

ATHALIE.

Votre pere ?

JOAS.

Je suis, dit-on, un orphelin
Entre les bras de Dieu jetté dès ma naissance,
Et qui de mes parens n'eus jamais connoissance.

ATHALIE.

Vous êtes sans parens ?

JOAS.

Ils m'ont abandonné.

ATHALIE.

Comment, & depuis quand ?

JOAS.

Depuis que je suis né.

ATHALIE.

Ne sçait-on pas au moins quel pays est le vôtre ?

JOAS.

Ce temple est mon pays, je n'en connois point d'autre.

ATHALIE.

Où dit on que le sort vous a fait rencontrer ?

JOAS.

Parmi des loups cruels prêts à me dévorer.

ATHALIE.

Qui vous mit dans ce temple ?

JOAS.

Une femme inconnue,
Qui ne dit point son nom, & qu'on n'a point revûe.

Les idées composées au contraire décélent ces esprits vigoureux & vastes, qui embrassent d'une seule pensée l'univers, les arts & les sciences : par-là ils ſe rapprochent de l'être ſuprême, qui d'une idée éternelle & infinie, enveloppe toutes les vérités actuelles & poſſibles. On remarque ce genre de mérite dans Paſchal & Monteſquieu : ils ſaiſiſſent tout en grand ; chez eux les idées paroiſſent être des aſſertions, & les aſſertions des raiſonnemens.

Les ſentimens décident auſſi les différences des cœurs : les ſentimens ſimples déſignent rarement une ame ſublime, ſi l'on en excepte certaines circonſtances de la vie : les ſentimens ſimples & ingénus répandus dans les poëſies de Madame *Deshoulieres*, nous peignent ſon cœur naïf & tendre. Des ſentimens composés en fait de haine, d'amour de la gloire & d'ambition, ne manquent jamais de décéler un cœur fier & grand. Ces ſentimens étoient dans Corneille : c'eſt pour cela que dans ſes tragédies on retrouve toute la majeſté des Rois & des Héros qu'il met ſur la ſcène. Peut-on peindre le déſeſpoir avec des couleurs plus fortes & une touche plus ſublime , que dans les *Horaces*. *Camille* déſolée d'avoir perdu un amant par les mains d'un frere, ſe livre à des imprécations contre Rome la cauſe de ſon malheur, & elle les termine ainſi :

Puiſſai-je de mes yeux . . . .
Voir le dernier Romain à ſon dernier ſoupir,
Moi ſeule en être cauſe, & mourir de plaiſir !

Ce ſentiment rapproche, & réünit la mort & le plaiſir.

Comme l'ame de M. de Voltaire eſt perpétuellement agitée de toutes ſortes de ſentimens composés, il eſt regardé avec raiſon par-tout l'univers comme le peintre de la nature, le correge des Poëtes & des Ecrivains, & il étonnera les siécles à venir par la vivacité, le brillant & le naturel de son coloris. Le sentiment est au style, ce qu'est la physionomie aux charmes du corps; il en est l'ame & la vie: on admire la beauté, mais l'on adore la physionomie; elle est ce je ne sçais quoi si enchanteur.

Après avoir considéré les idées & les sentimens divers, je vais examiner une de leurs principales qualités, sçavoir, leur vérité.

On a disputé pendant bien des siécles, pour constater si les perceptions sont vraies ou fausses: on s'accorde aujourd'hui sur leur vérité. Je pense qu'on doit de même regarder comme vrais les sentimens: nous distinguons leurs différences

& leurs nuances comme celles des idées. Si nous pouvions douter de la vérité, de quelques appréhensions & de quelques sentimens, nous pourrions bientôt douter de la vérité de tous, & par conséquent de l'existence du monde, & de notre propre existence, & nous tomberions dans toutes les absurdités du pyrronisme.

La progression naturelle des choses veut que je parle ici des signes, des conceptions & des sentimens. Les mots sont les signes des idées & des sentimens : ils ne sçauroient être naturels : il n'y a aucun rapport entre les choses représentées & les signes, & les mêmes perceptions sont rendües par des termes différens chez les différentes nations. Les paroles sont des signes conventionnels : il doit y avoir autant d'expreſſions que d'appréhenſions & de ſentimens. Un mot ſimple ne renferme qu'une conception, ou qu'un ſentiment : un terme complexe en préſente pluſieurs. Les paroles explicatives développent les attributs eſſentiels, *Dieu juſte*, *la baſſe envie* : les déterminatives reſtraignent la ſignification d'une idée générale, ou d'un ſentiment de même nature : *les femmes vertueuſes*, *les ſentimens tendres*. On trouve des expreſſions indéterminées en elles-mêmes, & déterminées dans le ſens : *Le Prince des moraliſtes* : ce qui eſt toujours entendu de *Nicole*.

Il n'eſt néceſſaire de définir que les mots obſcurs : il n'eſt permis d'inventer des termes que pour exprimer des perceptions nouvelles : quand elles ont rapport à d'autres déja connues, on doit créer des mots

mots analogues à ceux qui repréſentent les dernieres. On remarque dans toutes les langues des paroles, qui, outre leur ſignification propre, en ont une autre que leur donne l'uſage. L'air, le ton, le geſte, & ſur-tout les circonſtances, ajoutent encore au ſens des termes. Les circonſtances peuvent attacher un caractere ſublime à des expreſſions communes : témoins, le *qu'il mourut* du vieil *HORACE*, cet hémiſtiche dans la bouche de *PHEDRE*, *c'eſt toi qui l'as nommé ;* & ces mots D'*OROSMANE*, *Zaïre, vous pleurez !*

Les termes étant les ſignes des appréhenſions & des ſentimens, les langues doivent être plus ou moins riches, à raiſon du plus ou moins de connoiſſances & de ſentimens des peuples qui les parlent. Chaque paſſion a une langue qui lui eſt propre ; cette langue eſt plus ou moins abondante, ſelon les degrés & les nuances de cette même paſſion. Le cercle des paroles dont ſe ſervoient les premiers hommes, étoit vraiſemblablement fort étroit : l'eſprit & le cœur humain étoient pour lors au berceau ; le commerce n'avoit point encore fait circuler dans l'univers une multitude de découvertes faites par des millions innombrables d'hommes, qui ont couvert depuis la ſurface de notre globe ; & les beſoins de l'homme extrêmement multipliés, n'avoient pas étendu la carriere des ſentimens juſqu'à l'infini. C'eſt là que les extrêmités de l'entendement & de la volonté vont ſe réünir. La langue Hébraïque n'eſt peu féconde, que parce que la nation Juive circomſcrite dans un point de l'eſpace, ne participoit pas aux connoissances & aux passions du reste du monde, & qu'elle formoit un peuple isolé. La langue Grecque fut très-riche, parce que la Grece fut la patrie des lettres & des passions. Si l'abondance de la langue Latine égala, ou même surpassa celle de toutes les autres, c'est que Rome fut le trône des arts, des sciences & des passions, ainsi que de l'univers. Si les langues des Indiens, des sauvages & de bien d'autres nations barbares, sont si stériles, qu'on s'en prenne à l'ignorance de ces peuples : or l'ignorance est toujours dans une juste proportion avec le peu de développement des passions.

Je puis encore inférer de la nature des mots envisagés comme signes, qu'il doit regner une convenance parfaite entre les conceptions, les ſentimens & les termes qui les repréſentent : ſi les premiers ſont ſimples & naïfs, ou nobles & ſublimes, ou fiers & terribles, il faut que les ſeconds ſoient marqués au coin de la ſimplicité & de la naïveté, ou de la nobleſſe & de la ſublimité, ou de la fierté & de la terreur ; il faut de plus qu'ils conſervent les mêmes nuances que les premiers. C'eſt à la nature des objets de décider le caractere des idées & des ſentimens.

Je viens de jetter les fondemens d'une excellente Rhétorique : on n'y trouveroit point de longues & inutiles liſtes de figures ; & elle préſerveroit la jeuneſſe de la contagion de ces frivoles orateurs, qui ont trouvé le ſecret avec tout l'eſprit & tout l'art poſſible, de ne dire que des riens harmonieux. Parce que les hommes commencent par jouir des êtres & de leurs qualités, avant de passer à leur examen, & de remonter à leur source, j'ai cru ne devoir traiter qu'ici de l'origine occasionnelle des perceptions.

Deux opinions ont partagé les esprits sur cette matiere, celle des anciens & celle des modernes. La vieille Philosophie admettoit des idées innées, qui étoient comme gravées dans l'ame par la main divine: la plûpart des modernes ont placé la source de nos perceptions dans nos sens; il les regardent comme autant de portes par où toutes les connoissances entrent dans notre ame. Voici la preuve dont ils étayent leur sentiment.

C'est une vérité constante que par les voyes de l'ouïe, de la vûe, de l'odorat, du goût & du toucher, nous acquerrons continuellement de nouvelles idées : donc la plûpart de nos connoiſſances, donc toutes viennent des ſens : il eſt plus ſimple de n'admettre qu'une ſource, que d'en admettre pluſieurs, & la ſageſſe infinie fait toujours choix des moyens les plus ſimples. On peut dériver dans cette hypothèſe les idées *de l'eſprit*, *de l'infini* &c. de l'ébranlement des fibres, auxquelles la divinité a attaché ces idées, ébranlement occaſionné par le cours fortuit des eſprits animaux, ou par la contiguité des fibres, dont il s'agit, avec d'autres ſujettes aux ſecouſſes.

Par là même que les appréhenſions ont leur origine dans les ſens, les ſentimens l'y ont auſſi par ce principe, *rien de ſouhaité que de connu.* Le ſentiment de l'amour du bonheur ne ſeroit-il pas le fruit des premieres ſenſations agréables que nous éprouvons ? Le ſentiment de la conſcience, cette grande régle du mal & du bien moral, qui doit, à certains égards, une partie de ſon exiſtence à l'éducation, ne ſeroit-il pas une ſuite de la notion de l'ordre général que nous venons néceſſairement à nous former par une chaîne de ſenſations ? Ce ne ſont-là que des conjectures qui ne me paroiſſent bleſſer en rien la majeſté de la morale, & je les ſoumets au jugement de tout tribunal éclairé.

Je conclus, de ce que je viens de dire, que ſi l'homme avoit quelques ſens, ou quelques fibres de plus, il y auroit dans lui les ſources de bien des idées, & des ſentimens nouveaux ; que les uns & les autres doivent varier dans les individus, ſelon qu'ils ont des organes plus, ou moins longs, plus, ou moins gros, plus ou moins déliés, plus ou moins tendus, & ſuivant la quantité & la qualité des eſprits animaux. On ſent pourquoi les climats chauds ſont plus favorables à l'eſprit, & pourquoi les paſſions y ſont plus violentes. Témoins la Grece, l'Italie & la France : au midi les hommes ſont plus petits qu'au nord, & ont par conſéquent les fibres plus courtes & mieux tendues : d'ailleurs la chaleur naturelle y donne au ſang une activité propre à exciter des vibrations profondes.

CHAPITRE III.

Des Jugemens ou Propoſitions, & des Collections de ſentimens.

JE me propoſe de définir les jugemens, de les comparer avec les collections de ſentimens, de diſtinguer toutes les eſpeces de propoſitions, & toutes les ſortes de liaiſons de ſentimens, & leur caractere; enfin de traiter de la vérité & de la fauſſeté des jugemens, & d'examiner quelles ſont les collections de ſentimens honnêtes, ou deshonnêtes.

Avant d'entrer en mon ſujet, j'expoſerai ſuccintement quelques idées ſur les ſignes de nos appréhenſions conſidérés comme la matiere des propoſitions.

Les termes peuvent repréſenter des ſubſtances, comme celui-ci, *un éventail*; on les appelle ſubſtantifs: ils peuvent annoncer les manieres d'être des objets, tel eſt ce mot *beau*; ils ſont nommés adjectifs.

Pour éviter les répétitions monotones des ſubſtantifs, on a imaginé des pronoms; les uns déſignent la premiere, les autres la ſeconde, & les autres la troiſiéme perſonne: d'où ces pronoms *moi*, *tu*, *il*, *nous*, *vous*, *il* & *qui*.

Il eſt de l'eſſence des verbes d'emporter une affirmation, je brode, je danſe, &c. peuvent ſe réduire ainſi: *je ſuis brodant*, *je ſuis danſant*, *&c.* On a eu égard aux perſonnes, au nombre, aux circonſtances & au tems: de-là la premiere, la ſeconde & la troiſiéme perſonne; le ſingulier & le plurier, le préſent, l'imparfait, le parfait, le plus que parfait & le futur: d'où aussi les mœufs, ou l'indicatif, l'impératif, l'optatif, le subjonctif & l'infinitif. Je me presse d'arriver à mon terme.

Affirmer que quelque chose est, ou nier qu'elle soit, c'est juger. Le jugement est donc un acte de l'entendement, qui après avoir saisi la convenance, ou la disconvenance de deux conceptions, les unit, ou les sépare. Quelques Philosophes ont prétendu, mal-à-propos, qu'il est une opération de la volonté. Selon que cette action de l'entendement est plus, ou moins vive, a plus, ou moins de sagacité, les jugemens se succédent plus, ou moins rapidement, ils sont vrais, ou faux: on doit dériver de ce principe toutes les especes d'esprits. Comme l'entendement peut lier plusieurs idées, le cœur peut aussi réunir plusieurs sentimens ; de même que le premier ne doit rassembler que des perceptions analogues, ainsi le second ne doit lier que des sentimens semblables ; comme le jugement est une opération de l'entendement, l'union des sentimens en est encore une dans sa cause ; s'il est vrai que la sagacité de l'entendement influe seule sur la vérité des propositions, elle n'influe guères moins sur la liaison légitime des sentimens : par la raison des contraires, l'on doit attribuer leur union illégitime aux défauts de l'entendement : par-là on explique les sentimens & les passions bizarres des personnes d'un esprit faux, & l'accord qui regne ordinairement entre l'esprit & le cœur. Ceux-là ont tort, qui disent que pour corriger l'esprit, il faut commencer par le cœur.

Il eſt à remarquer que dans des momens de paſſion, l'ame eſt comme remplie d'une ſorte d'inſtinct, ou d'un certain trouble qui l'empêche d'apprécier les degrés de convenance des ſentimens. D'ailleurs dans la collection des ſentimens, la volonté n'affirme & ne nie rien directement : c'eſt pourquoi les opérations de cette derniere ſont moins actives, à certains égards, que celles de l'entendement dans les jugemens.

Ceux-ci ſe diviſent en pluſieurs eſpeces, mais avant de les déterminer, il ne ſera pas inutile de décompoſer le jugement.

Il y a dans chaque propoſition un ſujet & un attribut : le ſujet eſt l'objet dont l'on affirme, ou l'on nie quelque choſe; l'attribut eſt la choſe affirmée, ou niée : dans ce jugement *l'amour eſt la premiere des paſſions chez les femmes*, *l'amour* eſt le ſujet, *eſt la premiere des paſſions chez les femmes*, eſt l'attribut. Dans notre langue le ſujet précéde ordinairement l'attribut : il en va tout autrement dans la langue Latine ; nous plaçons néanmoins quelquefois l'attribut devant le ſujet : *c'eſt la raiſon qui eſt le premier de tous les biens.* Cette aſſertion n'eſt autre que celle-ci : *le premier de tous les biens eſt la raiſon.* Pour démêler dans ces derniers cas le ſujet de l'attribut, il n'y a qu'à concilier le ſens des propoſitions.

Les jugemens en général contiennent bien des eſpeces : conſidérés ſelon leur affirmation, ou négation, ils ſont affirmatifs, ou négatifs ; les uns & les autres enviſagés par leur ſujet, fourniſſent encore matiere à pluſieurs autres partitions. Quand le ſujet de la propoſition eſt ſingulier, elle eſt ſinguliere : Lucile *excelle dans le clavecin.* Quelquefois un ſujet confus embraſſe deux ſujets, d'où nous ne formons mentalement qu'un : *les Gaulois qui firent trembler Rome, furent domptés par Céſar.* Il eſt évident que les Gaulois qui allarmerent Rome dans ſes commencemens, n'exiſtoient plus du tems de Céſar ; mais l'on regarde dans cette aſſertion les Gaulois comme une nation toujours ſubſiſtante & éternelle. Si le ſujet eſt composé, le jugement l'eſt de même : *la Grece & l'Italie furent le ſéjour de l'éloquence.* On peut ranger ſous cette claſſe les propoſitions particulieres, générales & univerſelles.

Le ſujet des particulieres ne s'étend qu'à quelques individus, quelques eſpeces, ou quelques genres : le ſujet des générales en embraſſe le plus grand nombre ; le ſujet des univerſelles les renferme tous.

PROPOSITION PARTICULIERE.

Quelques Sçavans de ce ſiécle ont écrit pour l'immortalité.

PROPOSITION GÉNÉRALE.

Les amans ſont menteurs.

PROPOSITION UNIVERSELLE.

Tous les hommes ſont appellés au ſalut.

Il y a des jugemens univerſels ſelon la nature, & qui deviennent généraux par des événemens extraordinaires. *Tous les hommes naiſſent avec deux pieds* : il peut arriver que des enfans viennent au monde avec un plus grand nombre, ou même ſans pieds.

Les propoſitions générales ou indéfinies, doivent être regardées comme univerſelles dans les matieres

res néceſſaires. Les matieres néceſſaires, en fait de jugemens, ſont celles où un attribut doit être eſſentiellement vrai, ou faux, vû le cours ordinaire des choſes : les pierres abandonnées à elles-mêmes, tombent vers le centre de la terre. Les jugemens indéfinis conſervent leur nature dans les matieres contingentes : dans celles-ci la vérité, ou la fauſſeté peuvent tomber indifféremment ſur l'attribut. *Les femmes ont de la pudeur.*

Outre les propoſitions compoſées, il en eſt de complexes, j'entens par-là toutes celles qui contiennent pluſieurs jugemens énoncés, ou ſous-entendus. Parmi les jugemens, il peut s'en rencontrer d'acceſſoires : *le Comte de Saxe, qui étoit le plus grand Capitaine de ce ſiécle, défit les Anglois à Fontenoy : qui étoit le plus grand Capitaine de ce ſiécle*, eſt la propoſition incidente. On a òbſervé qu'il y a des jugemens acceſſoires, explicatifs, & d'autres déterminatifs. Dans les explicatifs l'on n'ajoute rien à l'idée du ſujet : *les envieux qui ſont ſur la terre, ne méritent que de la compaſſion.* Dans les déterminatifs on reſtraint le ſujet : *le mérite qui eſt modeſte, n'eſt pas ſûr de parvenir.*

Je reconnois encore bien d'autres ſortes de propoſitions, ſçavoir les disjonctives, les diſcrétives, les conditionnelles, les cauſales & les relatives. Les disjonctives renferment la particule *ou*, qui ſépare les ſujets, ou les attributs : *les paſſions produiſent de grands maux, ou de grands biens.* Dans les diſcrétives les ſujets, ou les attributs ſont ſéparés par le terme *mais : les biens des citoyens ſont entre les mains du Prince, mais non leur honneur.* Les conditionnelles contiennent une condition exprimée par *ſi : les femmes ſeroient adorées, ſi elles réuniſſoient le mérite à la beauté.* Les cauſales font toujours mention de quelque cauſe, & l'on y employe ordinairement la conjonction *parceque : la Grece fut ſubjuguée par les Romains, parcequ'elle ſe livra à des guerres inteſtines.* Les relatives embraſſent deux termes de comparaiſon : tel eſt le cœur de l'homme, telle eſt ſa conduite.

La complexion des jugemens, ſi je puis m'exprimer ainſi, ne vient pas ſeulement du ſujet, ou de l'attribut, de l'affirmation, ou de la négation, mais encore du ſens, comme dans les propoſitions exceptives, excluſives, comparatives, inceptives & déſitives. Les exceptives contiennent une exception : *tous les gouvernemens sont avantageux hors le despotique.* Il y a toujours une exclusion dans les exclusives : *de toutes les religions, il n'y a que la chrétienne qui ordonne l'amour des ennemis.* Dans les comparatives, on considére un objet par rapport à un autre, les prépositions *plus*, ou *moins* y sont mises en usage. *Alexandre avoit l'ame moins grande que haute :* les inceptives & désitives ont un terme de commencement, & un autre de fin : *c'est depuis François Premier que les arts se sont si fort perfectionnés en France.* Cette proposition nous fait entendre que les arts étoient peu cultivés par notre nation, avant ce Roi. Je pourrois rapporter encore une infinité d'autres sortes de jugemens, mais je ne veux point priver mon lecteur de la secrete satisfaction de les deviner : c'est tout dire à de certaines personnes, que de leur mettre entre les mains les principes de tout.

On peut aussi démêler un grand nombre de collections de sentimens : il y en a de simples, formées, par exemple, d'un sentiment de tendresse & d'un sentiment d'espoir ; de composées, qui rapprochent des sentimens généraux & universels, un sentiment d'amour pour tous les genres de gloire, & un sentiment de mépris pour tous les périls. On peut encore remarquer des liaisons complexes de sentimens, ou des collections de collections de sentimens ; sçavoir des unions de sentimens de jalousie & de haine, de sentimens de présomption & de vanité.

Comme on peut apprécier les esprits & les cœurs par les idées & les sentimens divers, on le peut aussi par les différentes propoſitions & collections de ſentimens. Les jugemens ſimples & les liaiſons ſimples de ſentimens, ſont la marque ordinaire d'un eſprit & d'un cœur foibles, à qui les objets ſe préſentent ſous peu de faces; les propoſitions & les unions de ſentimens compoſées, déſignent toujours des eſprits & des cœurs ſublimes, qui ſaiſiſſent les êtres ſous une multitude de rapports: le fini n'eſt fini que pour des ames bornées. Il ne faut pas s'étonner que les ouvrages immortels des *Paſcal*, des *Monteſquieu* & des *Voltaire*, étincellent de propoſitions & de collections de ſentimens compoſées; les unes & les autres ſont dans ces grands génies le réſultat d'une longue ſuite d'obſervations de détail, d'une ſagacité & d'une profondeur qui embraſſent tous les principes, tous leurs rapports, & la chaîne immenſe de leurs corollaires.

Les jugemens une fois connus, il n'eſt pas hors de propos de diſcuter leur vérité, ou leur fauſſeté. La vérité d'une propoſition conſiſte dans la conformité du ſujet avec ſon attribut; toutes les fois que le premier eſt tel que l'on affirme, ou que l'on nie qu'il eſt, elle eſt vraie; ſi non, elle eſt fauſſe. On peut conſidérer la vérité, relativement à un ſeul jugement, ou à deux.

Pour ſe conduire avec ſageſſe dans le premier cas, il faut examiner rigoureuſement la connexion du ſujet avec l'attribut.

Les jugemens complexes qui contiennent des propoſitions acceſſoires, ne différant gueres des jugemens ſimples, attendu que les propoſiſitions incidentes peuvent n'être comptées pour rien, je vais porter mes vûes ſur la vérité, ou la fauſſeté de ces jugemens.

C'eſt de la convenance, ou de la diſconvenance des propoſitions acceſſoires avec la principale, qu'il faut déduire la vérité, ou la fauſſeté de celles-là, qui peuvent être vraies, ou fauſſes, ſans que celle-ci le ſoit, à cauſe de leur peu de rapport. Un exemple va rendre cette conſéquence ſenſible. *Le ſyſtême de l'attraction qui a été enſeigné par Deſcartes, eſt une opinion très-probable.* La fauſſeté de l'aſſertion incidente n'influe point ſur l'eſſentielle : par la même raiſon de la fauſſeté du ſecond jugement, on ne pourroit pas conclure celle du premier. Il ſe trouve néanmoins des circonſtances où la propoſition principale eſt tellement liée avec l'acceſſoire, l'acceſſoire, que de la fauſſeté de l'une, doit ſuivre la fauſſeté de l'autre. Si je diſois: *Louis XV. qui eſt petit-fils de Louis XIII. a eu pour pere Louis XIV.* La fauſſeté de la premiere aſſertion entraîneroit néceſſairement celle de la ſeconde. Il eſt à obſerver que dans le cas préſent, le jugement acceſſoire s'unit ſi intimément avec l'eſſentiel, qu'il s'identifie en quelque maniere avec lui. La fauſſeté de la plûpart des propoſitions, dont il s'agit, a ſes racines dans l'abus de donner aux perſonnes des dénominations, qui ne conviennent qu'à leurs titres, & de confondre les qualités & les effets avec les eſſences & les cauſes. Il me reſte encore des remarques à faire ſur les jugemens compoſés, comparés entr'eux.

Il convient auparavant de ſçavoir qu'on appelle quantité, la particularité, ou l'universalité d'une proposition, & qualité l'affirmation, ou la négation de cette même proposition

Les jugemens peuvent être opposés en trois manieres, selon leur quantité, ou leur qualité : d'où l'on peut dériver plusieurs propositions relatives, & leur vérité, ou leur fausseté. Il y en a qui ne sont opposés qu'en quantité : *tous les Rois sont exposés à l'adulation : quelque Roi est exposé à l'adulation :* elles se nomment subalternes : la premiere étant vraie, la seconde ne sçauroit être fausse ; mais elles peuvent être fausses toutes deux. D'autres jugemens ne différent que par la qualité ; *tous les hommes sont appellés au salut. Tous les hommes ne sont point appellés au salut.* Il n'est pas possible que ces sortes de propositions soient toutes deux vraïes ; mais elles pourroient être toutes deux fausses : on les appelle contraires. Quand les jugemens sont opposés selon leur quantité & leur qualité, ils deviennent contradictoires : *toutes les jolies femmes ont des caprices : quelques jolies femmes n'ont point de caprices.* La vérité ou la fausseté ne peut convenir à ces propositions ; si l'universelle est vraïe, la particuliere est nécessairement fausse : il en est tout le contraire quand la vérité tombe sur celle-ci.

Il ne suffit point de juger de la vérité des jugemens par leur opposition, on doit encore en juger par leur conversion. On ne sçauroit y procéder, sans s'être formé des notions justes sur l'extension & la compréhension des propositions : l'extension a rapport au sujet, qui est toujours pris dans toute sa signification, & la compréhenſion à l'attribut, qui eſt quelquefois déterminé par le ſujet : l'extenſion n'eſt autre que l'étendue du ſujet, & la compréhenſion eſt celle de l'attribut.

On peut convertir toutes les propoſitions ſingulieres & particulieres, ou changer le ſujet en attribut, & l'attribut en ſujet, ſans que le jugement ceſſe d'être vrai : car comme il eſt impoſſible qu'une choſe convienne à une autre, que cette autre ne lui convienne, il ne peut auſſi ſe faire qu'il y ait une connexion eſſentielle entre le ſujet & l'attribut, qu'elle ne regne entre l'attribut & le ſujet : or c'eſt ce qui arrive dans toutes les propoſitions ſingulieres & particulieres ; ainſi l'on peut dire : *l'anemone eſt une fleur : une fleur eſt anemone : quelques femmes ſont prudes : quelques prudes ſont femmes.* Parce que dans le jugement universel affirmatif, la compréhension n'est pas égale à l'extension, & que l'attribut est restraint par le sujet, il ne faut pas le convertir : quoiqu'il soit vrai que *tous les serins soient des oiseaux*, il est faux que *tous les oiseaux soient des serins*. Il convient plutôt de changer la proposition universelle en cette particuliere : *quelques oiseaux sont des serins*. Le sujet & l'attribut ne s'accordent point aussi dans les jugemens particuliers négatifs : c'est pourquoi la conversion n'y a pas lieu : de ce que *quelque homme n'est pas médecin*, n'allez pas conclure : *quelque médecin n'est pas homme*. Comme au contraire dans les propositions universelles négatives le sujet répond parfaitement à l'attribut, il est permis de les convertir : *nul chrétien n'est idolâtre : nul idolâtre n'est chrétien.*

Les loix que j'ai établies pour discerner la vérité, ou la fausseté des jugemens, ne sçauroient nous diriger à l'égard des collections de sentimens, à cause de leur nature. D'ailleurs il n'est pas question de nous assurer de leur vérité, ou de leur fausseté, qui ne peuvent être que leur existence, ou leur non-existence; mais si elles sont honnêtes, ou non.

Le grand principe qui doit nous éclairer dans cette discussion importante, c'est de voir si elles nous maintiennent dans les rapports que nous devons avoir avec l'Etre suprême, avec le Gouvernement, avec la patrie, & avec l'Etat où la Providence nous a mis. Chaque homme doit joindre le sentiment du plus profond respect pour son Créateur, à celui du plus parfait amour : il doit se regarder comme placé entre la puissance & la miséricorde infinies, & comme tout enveloppé de la main divine. S'il est né sujet, il est obligé de lier le sentiment d'attachement au Prince, à celui de l'honneur, & d'être toujours prêt à servir son maître de sa fortune, & de la main, & de courir chercher l'honneur dans les bras même de la mort. Il est nécessaire aussi qu'on régle ses sentimens sur son état. Qu'une jeune demoiselle s'attache à réünir le sentiment d'une timide pudeur à celui d'une honnête envie de plaire. « Ne » vous relâchez point sur le principe » de la pudeur ; lui pourroit-on dire » avec Me *Lambert* (*a*) : ne regardez » pas la vertu des femmes comme » une vertu ordonnée par l'usage .... » Vous avez deux Tribunaux inévi-

(*a*) Avis d'une mere à sa fille.

» tables, devant lesquels vous devez » passer, la conscience & le monde: » vous pouvez échapper au monde, » mais vous n'échapperez pas à la » conscience. « Que le désir de plaire vous assujettisse aux loix de la politesse » Elle est (*a*) l'art de conci- » lier avec agrément, ce qu'on doit » aux autres, & ce qu'on se doit à » soi-même; car les devoirs ont des » limites, lesquelles passées, c'est » flatterie pour les autres, & orgueil » pour vous. « Il est des sentimens faits pour un homme public, pour un Roi, par exemple: il faut qu'il unisse le zèle pour le bien de l'état, à l'amour de la gloire; qu'il regarde son existence comme liée à celle de l'état; qu'il se regarde comme l'ame de ce corps immense, qu'il ne s'en occupe pas moins que l'ame de

(*a*) Avis d'une mere à sa fille.

la ſanté du corps, & qu'il croit n'avoir rien fait, ſi tôt qu'il lui reſte quelque choſe à faire pour ſa gloire. Un courtiſan propoſoit à un grand Prince de l'antiquité des fêtes & des divertiſſemens ſplendides : ſon maître lui répondit. *Mes jours ſont-ils à moi ?* Paroles divines, qu'on devroit graver en caractères d'or ſur le frontiſpice du palais de tous les Monarques de la terre, & qu'ils devroient eux-mêmes graver profondement dans leur cœur.

CHAPITRE IV.

DU RAISONNEMENT.

Application de ſa théorie aux paſſions.

LE raiſonnement étant un chemin du connu à l'inconnu, il paſſe avec raiſon pour une des matieres les plus importantes de la Logique : j'en expliquerai avec ſoin la nature ; j'en ferai connoître les différentes eſpeces, & leur caractere ; je preſcrirai des régles pour la vérité des argumens ; je remonterai à la ſource de leur vérité & de leur fauſſeté, & aux lieux communs ; & je n'oublierai point de rapprocher les opérations de la volonté de celles de l'entendement.

Je ne ſçaurois donner une idée plus nette de la nature du raiſonnement, qu'en rapportant ce qu'on lit ſur cette matiere dans *l'art de penſer*. « La néceſſité du raiſonnement » n'eſt fondée que ſur les bornes » étroites de l'eſprit humain, qui » n'ayant à juger de la vérité, ou » de la fauſſeté d'une propoſition, » qu'alors on appelle queſtion, ne » le peut pas toujours faire par la

» considération des deux idées qui » la composent, dont celle qui en » est le sujet est aussi appellée le pe- » tit terme, parce que le sujet est » d'ordinaire moins étendu que l'at- » tribut ; & celle qui en est l'attri- » but est aussi appellée le grand ter- » me, par une raison contraire. Lors » donc que la considération de ces » deux idées ne suffit pas pour faire » juger si l'on doit affirmer, ou nier » l'une de l'autre, il a besoin de re- » courir à une troisiéme idée, ou » incomplexe, ou complexe, & » cette troisiéme idée s'appelle » *moyen*. Or il ne serviroit de rien, » pour faire cette comparaison de » deux idées ensemble, par l'entre- » mise de cette troisiéme idée, de la » comparer seulement avec un des » deux termes. Si je veux sçavoir, » par exemple, si l'ame est spirituel-

» le, & que ne le pénétrant pas d'a-
» bord, je choisisse, pour m'en
» éclaircir, l'idée de pensée, il est
» clair qu'il me sera inutile de com-
» parer la pensée avec l'ame, si je
» ne conçois dans la pensée aucun
» rapport avec l'attribut de *spirituel*,
» par le moyen duquel je puisse ju-
» ger s'il convient, ou ne convient
» pas à l'ame : je dirai bien, par
» par exemple, *l'ame pense*, mais je
» n'en pourrai pas conclure, *donc*
» *elle est spirituelle*, si je ne conçois
» aucun rapport entre le terme de
» *penser* & celui de *spirituelle*. Il faut
» donc que ce terme moyen soit
» comparé tant avec le sujet, ou
» petit terme, qu'avec l'attribut, ou
» le grand terme, soit qu'il ne le soit
» que séparément avec chacun de ces
» termes, comme dans les sillogis-
» mes, qu'on appelle simples pour

» cette raiſon; ſoit qu'il le ſoit tout à » la fois avec tous les deux, comme » dans les argumens, qu'on appelle » conjonctifs ; mais en l'une, ou » l'autre maniere, cette comparai- » ſon demande deux propoſitions.« On ſent que le raiſonnement n'eſt que l'art d'enchaîner la vérité dans un certain cercle de paroles, & qu'il porte ſur ce principe admis des Géometres : *deux choſes, qui conviennent à une troiſiéme, conviennent entr'elles.*

Si l'on peut comparer pluſieurs perceptions pour réſoudre une queſtion, on peut de même comparer pluſieurs ſentimens, ou pluſieurs paſſions, pour diſtinguer les honnêtes d'avec les deshonnêtes : mais comme dans les collections de ſentimens il n'y a ni attribut, ni affirmation, ni négation, on voudroit en vain leur appliquer les principes que je viens de rapporter.

Jusqu'ici je n'ai envisagé les argumens que dans leur être métaphysique, & non au-dehors, je veux dire dans la forme sillogistique, forme qui a dû naturellement résulter des opérations de l'entendement dont j'ai parlé. La comparaison du moyen avec l'attribut de la conséquence, produit la proposition nommée majeure, à cause du nom de *grand terme* donné à cet attribut : de la comparaison de ce attribut avec le sujet de la conclusion naît la mineure, ainsi appellée, parce que ce sujet est dénominé *petit terme* : suit la conséquence qui étoit la question avant d'être prouvée. Le sillogisme est donc composé de trois jugemens : les deux premiers ont nom *prémices* ; je les désignerai dans l'exemple suivant.

MAJEURE.

On doit respecter tout ce qui peut rendre les hommes meilleurs :

Prémices.

MINEURE.

Or les loix peuvent rendre les hommes meilleurs :

CONCLUSION.

Donc on doit les respecter.

Comme nous avons distingué des propositions simples & complexes, on distingue tout autant de sillogismes. Les simples sont ceux où les prémices sont séparés, comme dans l'exemple cité : il en est tout le contraire pour les complexes. Dans les sillogismes conjonctifs, les jugemens sont liés par la conjonction *si*, & la conséquence est renfermée dans la majeure ; *la lecture des Romans est dangereuse, si elle allume l'imagination,*

& affoiblit la pudeur : or elle allume l'imagination, & affoiblit la pudeur ; donc elle est dangereuse. Les sillogismes copulatifs ont la premiere proposition copulative & négative tout ensemble : on en affirme une partie pour en nier l'autre. *On n'est estimable que par les qualités, ou les vertus : or ce n'est point par les qualités : donc c'est par les vertus.* Dans les sillogismes disjonctifs, la conjonction *ou* entre dans la majeure. *La musique Françoise, ou l'Italienne peuvent seules mériter le suffrage des Nations éclairées : or ce n'est pas la Françoise : donc c'est l'Italienne.* Il y a des sillogismes nommés sorites, parce qu'ils contiennent plus de trois jugemens. *On ne sçauroit être heureux, quand on manque de quelque chose ; quand on a des désirs on manque de quelque chose : or l'homme pendant sa vie a des désirs : donc il ne sçauroit être*

heureux. Tous les ſillogiſmes n'étant que certaines combinaiſons des propoſitions, c'eſt à la nature & aux qualités de ces dernieres de fixer ces combinaiſons : elles ſont preſque infinies : les Philoſophes les ont placées ſous différentes figures, qu'ils ont exprimées par des mots barbares. Attendu que ces figures & leurs ſignes ſont abſolument arbitraires, j'en épargnerai l'ennui à mes lecteurs.

Les ſillogiſmes ne ſont pas les ſeuls raiſonnemens : on en a inventé d'autres appellés enthimemes : on les forme de deux propoſitions ; la premiere eſt l'antécédent, & la ſeconde le conſéquent.

ANTÉCÉDENT.

Le faste entraîne la corruption des mœurs :

CONSÉQUENT.

Donc on doit le proscrire.

Dans cet enthimême, & dans tous les autres possibles, il y a une majeure, ou une mineure sous-entendue, & par-là ils équivalent à des sillogismes, & rentrent dans leur classe.

Je crois devoir maintenant analyser les divers argumens pour les caractériser. Les sillogismes simples embrassant toutes les faces de deux jugemens par rapport à une question à décider, ils ne laissent rien à penser : aussi ne s'en sert-on gueres que dans les écoles. Les complexes conjonctifs ont encore le grand défaut de tout dire. Les copulatifs en divisant un tout en ses parties, présentent plusieurs idées, & contribuent singulierement à réduire un adversaire, en lui enlevant toutes ses ressources : les disjonctifs ont la même vertu : c'est pourquoi les uns & les autres sont d'une heureuse ressource dans le genre véhément, & on les retrouve à chaque instant dans les Philippiques de Démosthene, & dans les Catilinaires de Ciceron. Les Sorites employés quelquefois par les Orateurs, marquent la relation d'une conséquence éloignée avec les prémices : on ne doit se les permettre que dans les matieres abstraites. Les enthimêmes sous-entendent une, ou même plusieurs propositions, & laissent bien des choses à deviner : plus il y a de distance de l'antécédent au conséquent, plus ces raiſonnemens ſuppoſent un eſprit vaſte & profond : les gens de génie franchiſſent d'un clin d'œil une foule de concluſions intermédiaires, & s'élancent à la derniere : c'eſt pour cette raiſon que l'Hiſtoire Romaine de *Tacite*, les penſées de *Paſcal*, celles *de la Rochefoucaut*, & l'Eſprit des Loix ſont des énigmes qui n'ont point de mot pour des lecteurs ſuperficiels.

Il ne faut pas ſe contenter de connoître le caractere des raiſonnemens, il faut de plus ſçavoir démêler leur vérité & leur fauſſeté, les paſſions honnêtes & les deshonnêtes : il n'eſt queſtion pour cela que de ſçavoir faire uſage de ce principe : *la concluſion doit être contenue dans les prémices.* Il s'enſuit qu'il n'eſt pas permis de conclure du particulier au général, ni du général à l'univerſel. Quelle foule de corollaires, si j'aimois à tout dire! Le principe que je viens de poser a fait discerner aux Métaphysiciens, la proposition contenante d'avec l'applicative: dans les sillogismes affirmatifs, la contenante est toujours la majeure, & l'applicative la mineure: dans les sillogismes négatifs, c'est toujours le jugement négatif qui est le contenant, & l'affirmatif l'applicatif: la fausseté des prémices emporte essentiellement celle de la conséquence.

Je puis étendre l'application de ce même principe aux passions: je prétends m'assurer si une ambition éclairée & modérée est permise, j'examine si elle est contenue dans l'amour de la gloire, qui est une passion louable, & je raisonne ainsi: l'amour de la gloire n'est que l'envie d'exister, pour ainsi dire, au-dehors, ou dans l'opinion d'autrui par de belles actions : une ambition éclairée & mesurée est le desir de parvenir aux charges & aux places, pour s'y procurer, par un noble exercice, l'existence dont il s'agit : donc ces passions ont la même fin ; donc la derniere est contenue à certains égards dans la premiere ; donc une ambition éclairée & modérée est permise.

Je veux sçavoir si je dois m'interdire la vanité : d'une autre part je suis convaincu que la présomption est une passion funeste : je dis la présomption consiste dans l'estime de soi-même pour des vertus imaginaires ; la vanité se propose de s'attirer de la considération par des endroits estimables qu'en apparence : donc elle est aveugle dans ses moyens, ainsi que la présomption ; donc elle y est comme contenue ; donc je dois me l'interdire. Je pourrois pousser plus loin l'induction. Quand on néglige ces comparaisons, on court risque de ne point saisir le caractere des passions. Il y a encore bien d'autres causes de nos erreurs à ce sujet, & par rapport aux argumens : tels sont les préjugés de gouvernemens, de religions, de nation, de corps, de coutumes & d'usages : j'y puis ajouter l'abus de donner sa thèse pour raison, ou la pétition de principe, de confondre les effets avec les causes, & de juger des choses par ce qui ne leur convient que par accident.

Pour éviter ce dernier inconvénient dans les jugemens que nous portons sur les passions, il faudroit s'appliquer à connoître en détail leur filiation, leur analogie, leurs différences, & enfin leur nature : ſcience difficile & profonde, dont les Anglois naturellement penſeurs ſont plus capables que nous, infiniment plus nés pour ſentir, que pour réfléchir ſur le ſentiment.

Ne ſeroit-il pas plus avantageux à nos jeunes Dames de deſcendre dans l'abîme de leur cœur ; d'y combiner tous les phénomenes de ce monde moral, non moins variés que ceux du monde phyſique ; de les réduire en claſſes, & de les aſſujettir à des principes ; que de paſſer la moitié de leur vie à faire des révérences, & à diriger tous les mouvemens de leurs membres avec toutes les graces de Marcel ; à chanter avec toute l'expreſſion, la préciſion & le goût de MM. *Jeliote*, *Rochard* & *la Garde*, & à toucher le clavecin avec toute la légéreté, le brillant de

M.

M. *Balbatre :* ou que de perdre leur tems à acquérir des notions superficielles en fait de Physique, de Chymie, d'Anatomie & de Botanique. Q'uelles se souviennent qu'il ne leur est permis d'ouvrir leur cœur qu'aux plaisirs décens & aux vertus, & non d'oser lever le voile mystérieux que la Divinité tient déployé de tout tems sur la nature. Chargées par la Providence de peupler l'Etat de Citoyens, & d'élever leur premiere enfance, & par conséquent de jetter dans leur ame tous les germes des vertus, elles doivent regarder comme abusif tout ce qui les distrait de cette fin importante.

Que les femmes eûssent des mœurs, les hommes en auroient bien-tôt aussi : le penchant continuel des deux sexes à se réunir les rapproche sans cesse. Veut-on connoître le caractere des hommes d'une Nation ? qu'on y étudie avec ſoin celui des femmes : dans tous les ſiécles ces deux moitiés du genre humain ſe reſſemblerent parfaitement.

Il me reſte à parler des ſources des raiſonnemens, ou des lieux communs : on peut les reſtraindre à ceux de la Grammaire, ou aux éthimologies ; à ceux de la Rhétorique renfermés dans ces mots : *qui, quoi, ou, par quels ſecours, comment & quand*, & à ceux de la Métaphyſique, j'entends, les cauſes, dont le nombre eſt infini. On n'a preſque jamais recours à ces lieux : c'eſt à la raiſon de nous guider dans nos méditations profondes.

CHAPITRE V.

De la Méthode, & de ſon application aux paſſions.

LA Méthode ſe propoſe de nous conduire dans la recherche & la démonſtration de la vérité : on compte tout autant de méthodes que de vérités : on reconnoît des vérités de mots, ou d'interprétation, & des vérités de choſes ; des vérités certaines, de foi, de ſciences, ou de faits, & des vérités probables, ou d'opinions. L'analyſe mene comme par la main le Philoſophe dans une multitude infinie de routes, & lorſqu'il eſt parvenu à la région ſublime du vrai, il ſe ſert de la ſynthèſe pour le montrer aux hommes.

Avant de traiter de l'analyſe, il eſt néceſſaire de s'aſſurer s'il exiſte des vérités. Les Pyrrhoniens ont avancé qu'il n'y avoit rien de certain, & ont même douté de leur propre exiſtence. Un ſentiment auſſi extravagant ne mérite pas d'être réfuté. La nature de mon ſujet exige que je donne ici quelques définitions.

Les axiômes ſont des propoſitions ſi évidentes quelles n'ont point beſoin d'être prouvées. La foi eſt l'adhéſion de l'entendement à des vérités obſcures d'elles mêmes, mais démontrées par d'autres : elle ſe partage en deux branches, la foi divine & la foi humaine. Les ſciences ne ſont que des principes ſûrs d'où l'on peut tirer des conſéquences : on nomme opinions des propoſitions appuyées d'argumens plausibles. Je puis maintenant parler de l'analyse.

On en admet de deux sortes, l'une pour les mots, & l'autre pour les choses : l'analyse pour les mots a pour fin de déterminer le véritable sens des Ecrivains, & pour cela elle examine avec soin le contexte, ce qui précéde, ce qui suit, & le but que s'est proposé l'Auteur qu'elle veut expliquer : les Théologiens tâchent par cette Méthode de fixer le sens des écritures, & les Critiques d'expliquer celui des ouvrages. L'analyse des choses a pour objet, ou d'exécuter un dessein, ou de découvrir une vérité : dans le premier cas on passe des parties au tout; dans le second l'on s'éleve des individus aux espéces, & des espéces aux genres. Il est facile d'appliquer cette Méthode aux passions.

Si je veux connoître les passions en général, je commence par les étudier chacune en particulier. La haine se présente à mon esprit : je la contemple en elle-même, & je trouve que c'est un éloignement de notre cœur de certaines personnes produit par la diversité des intérêts, des gouvernemens, des réligions, & les mauvais offices rendus. J'envisage l'amour, & je découvre qu'il n'est que le penchant de personnes de sexe différent, & qu'il a sa source dans les qualités, & les graces du corps. J'arrête mes réflexions sur l'orgueil, & je m'apperçois qu'il n'est qu'une trop haute estime de nous mêmes, & qu'il a pour base d'une part le mérite, & de l'autre le néant. Je considére l'avarice dans sa nature, & elle présente à ma pensée un désir immodéré des richesses né d'un esprit & d'un sentiment faux, qui ne sçavent pas apprécier le vrai & le seul avantage des biens, qui consiste dans leur usage. Après avoir ainsi parcouru toutes les passions, je remonte jusqu'à leur tronc l'amour propre.

Si je me propose de me former une idée de l'empire universel qu'exerce une passion particuliere. L'ambition, par exemple, je remarque comment elle se manifeste dans les individus, selon les climats, les températmens, les gouvernemens, les religions, les professions, les différentes situations, au commencement, au milieu & à la fin de la vie. Je l'observe ensuite dans une Nation entiere, je réflechis sur la maniere dont elle y influe sur la politique intérieure, civile & économique, & sur la politique extérieure, sur les négociations, sur la guerre, ou la paix. De plus j'envisage cette même passion animant plusieurs états, ou même l'Univers, & y causant des révolutions dans les divers âges. De toutes ces conſidérations je compoſe une idée générale ſur l'empire de l'ambition.

Il ſeroit à ſouhaiter que le gouvernement tournât l'étude des Philoſophes vers la Morale, & qu'il les encourageât : celle-ci eſt le Thermométre de la grandeur & de la décadence des Etats : dans les beaux ſiécles d'Athenes, il y avoit des écoles ouvertes, où l'on apprenoit la ſageſſe : un Moraliſte étoit regardé comme un Etre auſſi important qu'un Général d'armée. Il eſt une Nation dans l'Europe où l'on a jetté ſur les Philoſophes un ridicule, qui eſt malheureuſement retombé ſur la Philoſophie.

Il y a une autre analyſe, appellée analyſe des *Géometres*, quoiqu'elle ſoit employée par tous les Ecrivains: elle conſiſte à ſuppoſer la vérité d'un principe à démontrer, & à en déduire des corollaires : s'ils ſont vrais, on en infére la vérité du principe, attendu qu'on ne ſçauroit tirer des conſéquences certaines d'un faux principe. Cette Méthode eſt ſublime, & le profond de Monteſquieu l'a miſe à profit pour dériver de la nature du climat de l'Angleterre, & du caractere de ſes habitans, le genre de ſon gouvernement.

» Dans une Nation à qui une maladie du climat affecte tellement » l'ame qu'elle pourroit porter le » dégoût de toutes choſes juſqu'à » celui de la vie, on voit bien que » le gouvernement, qui conviendroit le mieux à des gens à qui » tout ſeroit inſupportable, ſeroit » celui où ils ne pourroient pas ſe » prendre à un ſeul de ce qui cauſeroit leurs chagrins, & où les

» loix gouvernant plutôt que les » hommes, il faudroit pour chan» ger l'Etat les renverser elles-mê» mes.

» Que si la même Nation avoit » encore reçu du climat un certain » caractere d'impatience, qui ne lui » permit pas de souffrir long-tems » les mêmes choses, on voit bien » que le gouvernement, dont nous » venons de parler, seroit encore le » plus convenable.

» Ce caractere d'impatience n'est » pas grand par lui-même, mais il » peut le devenir beaucoup, quand » il est joint avec le courage: il est » différent de la légereté qui fait » que l'on entreprend sans sujet, & » que l'on abandonne de même: il » approche plus de l'opiniâtreté, » parce qu'il vient d'un sentiment » des maux si vif, qu'il ne s'affoi-

» blit pas même par l'habitude de » les souffrir.

» Ce caractere dans une Nation » libre seroit très-propre à déconcerter » les projets de la tirannie, » qui est toujours lente & foible » dans les commencemens, comme » elle est prompte & vive dans » sa fin ; qui ne montre d'abord » qu'une main pour secourir, & » opprime ensuite avec une infinité » de bras. «

L'analyse dont il s'agit peut avoir lieu pour les passions. *Si l'on doutoit que la présomption fut désavantageuse, & que l'on voulut s'en éclaircir, il faudroit d'abord la supposer telle, & conclure qu'elle doit entraîner dans les démarches les plus inconsidérées, les particuliers & les peuples qui en sont dominés. Pour se convaincre de la vérité de cette conséquence l'on porteroit les yeux ſur l'hiſtoire, & l'on verroit la préſomption faire imaginer aux anciens Rois de Thrace, qu'il y a des Dieux faits tout exprès pour eux, & leur en faire interdire le culte à leurs ſujets. Le préſomptueux Xercès ſe préſenteroit s'attribuant vainement l'empire ſur la mer & les tempêtes, & jettant des chaînes dans l'Helleſpont, comme afin de le mettre aux fers, pour avoir oſé renverſer un pont élevé par ſes ordres. D'une autre part l'on appercevroit Alexandre, qui ne laiſſe que des traces d'embraſement, comme la foudre, enveloppé d'un nuage d'encens, & ayant à ſes pieds une foule de vils adorateurs. L'Hiſtoire ancienne & moderne ſe réuniroient pour offrir le ſpectacle des malheurs où ſe ſont témérairement plongées les Nations atteintes de ce vice, & l'on concluroit que la conſéquence qu'on a tirée eſt vraie, & que la préſomption eſt déſavantageuſe.*

Non-ſeulement la Méthode nous conduit à la connoiſſance des vérités ſpéculatives, mais encore à celle des poſitives, ou des faits. Ils peuvent être préſens, paſſés, ou à venir. Nous pouvons nous en rapporter ſur l'exiſtence des corps, & ſur la vérité des faits préſens au témoignage de nos ſens, après un ſévere examen de leur part, pourvû que des infirmités, la maladie, ou quelque autre cauſe phyſique, ou morale ne les prive point de leur ſagacité naturelle.

Le témoignage d'autrui nous tranſmet auſſi bien des vérités : elles viennent de Dieu, comme les objets de croyance propoſés par l'Ancien Teſtament : elles viennent de l'homme, ainſi que les faits rapportés par l'Hiſtoire.

La révélation une fois établie,

nous devons y adhérer inviolablement persuadés qu'un Etre infiniment sage & bon ne sçauroit se tromper, ni ne voudroit nous tromper. Le grand point est de prouver qu'il a parlé : de-là l'examen de la Bible, suivant toutes les loix de la Critique : de-là les inductions que l'on tire de la simplicité, de la majesté plus qu'humaine de son style, & de la vénération profonde & constante du peuple Juif pour les Livres sacrés : de-là l'autorité triomphante des prophéties, où la main divine écartoit le voile des tems, & traçoit aux yeux des Israëlites leur histoire à venir & celle de l'univers : de-là &c. qu'on voit là-dessus les Méthodes sublimes qu'a imaginées le divin Paschal.

Pour ce qui regarde l'espéce de foi, qui porte sur l'autorité des hommes, capables par leur nature d'erreur, ou de vouloir nous y induire, on ne doit s'y soumettre que pour les motifs les plus graves. On doit tenir pour avérés des faits unanimement exposés par des témoins éclairés, vertueux, impartiaux, de différens âges, de diverses Tribus, ou Nations, de différens siécles, & qui ont scelé leur témoignage de leur sang : c'est de ce principe qu'est étayée la vérité des miracles : n'étant par eux-mêmes que des violations des loix de la nature, il faut les plus puissans motifs pour y souscrire : c'est d'après ces idées qu'a procédé l'éloquent *Abadie* dans son excellent Traité *de la Vérité de la Religion Chrétienne.*

La Méthode nous guide encore dans nos conjectures sur l'avenir. Toutes les fois qu'on voit des circonſtances ſuivies néceſſairement de certains effets, on doit croire l'exiſtence future de ceux-ci.

Indépendamment des vérités certaines, il en eſt qui ne ſont que probables : il convient pour lors de calculer, & de peſer leurs degrés de probabilité, & de ſe décider pour les plus probables.

Dans la croyance des événemens à venir l'on conſulte preſque toujours ſon cœur : d'où les tréſors immenſes de l'eſpérance, & les horreurs infinies de la crainte. On ſe flatte qu'on gagnera trente pour cent dans les aſſurances, pendant la guerre maritime, parce qu'on le ſouhaite : on croit qu'on périra par un tremblement de terre, parce qu'on le craint : on ne fait pas attention que dans le premier cas on n'a qu'un trentiéme degré d'eſpérance

rance du gain, dont il s'agit; & que dans le ſecond, on doit avoir moins d'un millioniéme degré de crainte: les eſpérances dans le commerce ſont preſque toujours en proportion des périls, & les malheurs en général que l'on appréhende en proportion des craintes; mais malheureuſement le cœur ne calcule point, & nous égaré dans le vaſte pays des probabilités.

Je n'ai fait mention juſqu'ici que de la moindre partie des analyſes: on en compte preſque autant que d'objets & de modes, & par conſéquent un nombre infini: c'eſt au bon ſens & au génie de les dicter. Il me tarde de paſſer à la démonſtration de la vérité, ou à la ſynthèſe.

Pour faire connoître aux autres la vérité, on eſt ſouvent forcé de recourir à la définition: on diſtingue des définitions de choſes & de mots: il y a deux ſortes de définitions de choſes, l'une exacte, l'autre moins exacte, appellée deſcription.

Pour qu'une définition ſoit exacte, il faut qu'elle contienne le dernier genre & la premiere différence, comme celle-ci : *le triangle eſt une figure composée de trois angles* : le terme *figure* annonce le dernier genre, parce qu'il renferme ſous lui moins d'eſpéces : ces expreſſions, *composées de trois angles*, déſignent la premiere différence, parce que c'eſt par-là que le triangle commence à différer des autres figures : il ſuit qu'une définition doit être commune & propre; il eſt néceſſaire auſſi qu'elle ſoit claire & préciſe.

On peut définir les paſſions ainſi que toutes les autres choſes : c'eſt pourquoi l'on pourroit affirmer que *l'entousiasme en fait de réligion est un zéle mal entendu.*

La description a pour objets les causes, les effets, les modes & la fin. M. de Buffon dans son Histoire Naturelle, a eû égard à ces regles dans la description de l'homme.

» Le corps d'un homme bienfait » doit être carré, les muscles doi- » vent être durement exprimés, le » contour des membres fortement » dessiné, & les traits du visage » bien marqués..... Tout annonce » dans lui le maître de la terre; tout » marque même à l'extérieur sa su- » périorité sur-tout les Etres vivans: » il se soutient droit & élevé; son » attitude est celle du commande- » ment; sa tête regarde le ciel, & » présente une face auguste, sur la- » quelle est imprimé le caractere de » sa dignité; l'image de l'ame y est

» peinte par la phisionomie ; l'ex-
» cellence de sa nature perce à tra-
» vers les organes matériels, & ani-
» me d'un feu divin les traits de son
» visage. Son port majestueux, sa
» démarche ferme & hardie annon-
» cent sa noblesse & son rang : il
» ne touche la terre que par ses ex-
» trêmités les plus éloignées ; il ne
» la voit que de loin, & semble la
» dédaigner. Les bras ne lui sont
» pas donnés pour servir de pilliers
» d'appui à la masse de son corps ;
» sa main ne doit pas fouler la terre,
» & perdre par des frottemens réi-
» térés la finesse du toucher, dont
» elle est le principal organe. Le
» bras & la main sont faits pour ser-
» vir à des usages plus nobles ; pour
» exécuter les ordres de la volonté ;
» pour saisir les choses éloignées ;
» pour écarter les obstacles ; pour

» prévenir les rencontre & le choc » de ce qui pourroit nuire, & re» tenir ce qui peut plaire, & le met» tre à portée des autres sens. «

Une des plus parfaites créatures ne semble-t-elle point s'animer & éclore de nouveau sous le pinceau créateur de M. de Buffon ? L'homme présent à nos yeux, comme à notre imagination, vient nous ravir un hommage de respect, & nos sens étonnés, long-tems même après la lecture, doutent de l'illusion qui les charme.

On peut aussi décrire les passions qu'il me plaise de peindre la vanité d'*Aemilie*, je n'ai qu'à m'exprimer ainsi. *Aemilie est née avec une sorte d'instinct qui la fit toujours courir après la considération. Comme elle a l'esprit borné & faux, elle ne prend que des voyes qui l'éloignent de son terme. Elle est Marquise, & personne ne peut lui disputer ce titre; à la faveur des mésalliances elle l'a acheté au prix de soixante mille livres de rente. Elle vous cite à tout propos des Comtes, des Marquis, des Barons & des Ducs ses parens, mais elle vous fait grace de ses ayeux paternels.*

Si elle raconte quelque nouvelle, elle la tient, à coup sûr, de quelque Altesse, ou tout au moins de quelque Ministre, elle est éternellement surchargée de dépêches importantes, & c'est à la petite Présidente qu'elle écrit. Elle fait de fréquens voyages à la Cour, elle y voit tout le monde, & personne ne l'y remarque. A-t-on livré une bataille? son cocher la mene rapidement dans toutes les rues: elle doit, dit-elle, des complimens de condoléance à toute la terre, & elle n'arrête nulle part: elle paroît aussi désolée que si elle étoit proche parente de chaque mort de distinction.

Comme Aemilie eſt naturellement défiante, elle met une ſorte d'art & de rafinement dans ſa vanité ; elle ne dit pas qu'elle eſt belle, mais elle tâche de vous amener adroitement à la trouver telle : elle ne dit pas qu'elle a du crédit, mais elle en affecte tous les airs, & ne parle que de places conſidérables, qu'elle a fait donner à cent lieues de la Capitale : elle ne dit pas qu'elle a de l'eſprit, mais elle étale des brochures ſur ſa toilette & ſa cheminée ; elle ſoupe avec les gens de Lettres, & prononce en dernier reſſort ſur les meilleurs ouvrages. Que d'arrêts de morts ne ſortent point de ſa bouche ! n'allés pas douter de l'infaillibilité de ſes oracles, vous ſeriés un ſot. Voilà quelle eſt Aemilie.

C'eſt en faiſant l'application des régles de la deſcription aux paſſions, que *Théophrate* & ſon illuſtre rival, *Labruiere*, tracerent leurs caracteres avec un pinceau ferme, mâle & original : c'eſt en ſuivant la même route que les Sophocle, les Euripide, les Corneille, les Racine, les Voltaire & les Crébillon; les Ariſtophane, les Ménandre, les Plaute, les Terence, les Moliere, les Regnard, les Deſtouche & les Lachauſſée écrivirent des piéces plus durables que les empires, & auſſi immortelles que les génies ſublimes & profonds qui les ont enfantées.

On pourroit dans un Poeme dramatique ranger tous les diſcours & toutes les actions de chaque perſonnage ſous la paſſion dominante, qui eſt cenſée l'agiter : on pourroit de même y ranger toute la déclamation & toute la panthomime des Acteurs. Si l'on ne le pouvoit faire, ce ſeroit la faute du Poëte & des Comédiens.

Quelque

Quelque ſoin qu'il faille apporter aux définitions des choſes, on ne doit pas négliger celles des mots. Dans celles-ci on détermine le ſens des termes dont on veut faire uſage: ces définitions une fois données, il faut s'y tenir rigoureuſement; ſans quoi l'on tombe dans bien des erreurs. Pour ne s'être point aſſujetti à cette loi, Euclide a rempli ſon Traité des *Elemens* d'une infinité de raiſonnemens pitoyables, & l'a couvert de ténébres.

Ces ſortes de définitions ſont un moyen très-sûr de faire ceſſer les diſputes: les opinions des *Stoïciens* & des *Epicuriens*, oppoſées en apparence, ſe réuniſſoient pour le fonds: ſi dans l'univers on convenoit du ſens des expreſſions, il ne ſeroit pas impoſſible de réduire les hommes à l'unanimité de ſentimens.

On ne sçauroit déméler trop attentivement les définitions des choses de celles des mots ; autrement l'on se précipite dans les plus étranges absurdités.

La division, ou la synthèse suit naturellement la définition. La partition est la division de l'ensemble en ses parties. Les Philosophes reconnoissent plusieurs espéces de parties, des intégrantes, des subjectives & des numériques : l'intégrante peut exister séparément du tout : un arbre peut subsister indépendamment de la forêt, dont il fait partie : les espéces contenues sous un genre, comme l'homme & l'animal, sont des parties subjectives : les numériques ont relation à la quantité, ainsi que la ligne dans le pouce.

Le genre se divise en ses espéces :

tout être étendu, ou pensant : les espéces se divisent en leurs individus : *les animaux frugivores & les carnaciers* : les modes des êtres deviennent quelquefois l'objet de la division, qui doit embrasser toute l'étendue d'un sujet. Des Métaphysiciens ont osé la borner à deux membres, mais parce qu'il est essentiel de pourvoir en tout à la clarté, il ne faut point s'astraindre à cette régle, lorsque la netteté exige qu'on ne la compte pour rien.

Les Géometres ne sont pas fidéles à garder les loix de la synthèse ; presque uniquement occupés de la certitude, ils ne le sont point assez de l'évidence, ou de la clarté ; ils ne sont pas constamment asservis à l'ordre de la nature, qui veut qu'on descende par degrés du plus composé au plus simple. *Ils craindroient*, difent-ils, *que ces attentions de détail n'affoibliffent la force des démonftrations.* Comme fi la progreffion des idées & des principes, & les foins qu'on prend de la forme pouvoient nuire au fonds, & qu'ils n'ajoutaffent point au contraire à la vigueur des preuves.

Les préceptes de la divifion font exactement obfervés dans le difcours préliminaire, le profpectus admirables de l'Encyclopédie, & dans prefque tous les bons ouvrages didactiques : il eft même à propos de ne point les dédaigner dans ceux d'agrément : il convient néanmoins de ne pas oublier que l'art doit s'y cacher pour faire fortir la nature. L'habileté à manier la fynthèfe diftingue les Ecrivains du premier ordre de la tourbe des Auteurs.

Il n'eft pas difficile de traiter des

passions selon les régles de la division. S'il me falloit donner aux autres une idée générale des passions, idée que je me suis formée, comme on a vû plus haut par le moyen de l'analyse, je m'expliquerois de la sorte. *L'amour propre est une passion mere, d'où naissent toutes les autres : il a des dominations diverses, suivant ses différens objets : quand il s'attache aux richesses, on le nomme œconomie, ou avarice ; s'il se plait à contempler des vertus, par où l'on pense se distinguer, il s'appelle orgueil ; lorsqu'il se tourne vers les graces & la beauté, il a nom amour ; sitôt qu'il nous éloigne de certaines personnes pour leur caractere, ou de mauvais offices rendus, il est aversion, ou haine ; il est vice, ou vertu* (il n'est question ici que des vertus purement humaines) *selon le genre des objets où il se porte : renfermé dans de justes bor-*

nes, & bien dirigé, il est le ressort & la vie du monde moral, comme le mouvement est l'ame du monde physique ; enfin il est une passion immense qui a son centre partout, & sa circonférence nulle part.

On pourroit aussi par les loix de la synthèse faire connoître la nature d'une passion particuliere, en discernant avec ordre & systême tous les sentimens qui lui sont propres, & en les déduisant tous du premier chainon auquel ils sont liés.

Je viens d'exposer les principes d'une science faite pour diriger l'esprit & le cœur humain dans leurs opérations, & qui est la base des Arts, des Sciences & des vertus : j'ai tâché de dépouiller cette matiere des ténêbres, dont elle est enveloppée dans les écoles & dans les livres, & de tout dire sans rien dire de trop.

Quand même, ce dont je ne me flatte point, mon Lecteur auroit remarqué des traits de création dans cet ouvrage ; quand même il auroit vû s'étendre les limites de son entendement, je serois peu flatté du succès de mon léger travail : mais s'il arrivoit qu'il eût conçû une plus haute idée de la morale, & un plus grand amour pour ses devoirs, je me croirois trop récompensé de mes veilles.

FIN.

TABLE
DES CHAPITRES.

Fin de la Table.

www.ingramcontent.com/pod-product-compliance
Ingram Content Group UK Ltd.
Pitfield, Milton Keynes, MK11 3LW, UK
UKHW012050240726
13965UKWH00003B/1192

9 782013 028929